낮은말 받아쓰기

조한일 시집

가히 시선 011 조한일 시집

낮은말 받아쓰기

가히

시인의 말

말하자면
하류에 흘러가는
물의 언어를
해독하는 일이었다.

2025년 4월
조한일

차례

시인의 말

제1부

도서관에서 추사를 만나다 · 13
별점 테러 · 14
종이사전 · 15
저녁의 행위 · 16
쉬 · 17
후천성 시작詩作 결핍증 · 18
왜? 해가 안 뜬대? · 20
임시 보관함 · 21
시인의 주거 형태 · 22
테이크아웃 · 23
2인칭 시점으로 본 낙하 · 24
면도날을 바꾸다 · 26
그 여자가 변했다 · 27
소화기 · 28

제2부

넌 나의 왼쪽이다 · 31

너를 달아보다 · 32

노출 수위 · 33

버드 스트라이크 · 34

착한 사마리아인의 궤적 · 36

신생대 4기에 발견된 흑백사진에 관한 기록 · 37

구해줘요, 튀르키예를 · 38

누명 · 39

먹이사슬 · 40

탄소중립 접근법 · 42

서점의 도시계획 · 43

라바콘 · 44

e 티켓 · 45

햄버거 · 46

제3부

검정 고무신 · 49

마라도 · 50

함덕 바다 · 51

군함도 · 52

최후의 해녀 · 53

가파도 해발에 관한 접근 · 54

오래된 그물 · 55

1947년 관덕로의 봄 · 56

메이데이 on Cheju-do · 58

범섬 · 59

08시 49분을 인양하다 · 60

제국의 섬 · 61

이젤과 바다 · 62

올해의 운세 · 63

천남성을 바라보며 · 66

제4부

물구나무서기 · 69

꽃다발 · 70

포스트잇 · 71

구둣주걱 · 72

2월의 사생활 보호 구역 · 73

시들이 죽었다 살아나요 · 74

산지 폐기 · 75

김정호와 김정호 · 76

취재가 시작되자 · 77

엄마다! · 78

선거철 · 79

물수제비 · 80

쎘다 · 81

피로회복제 주세요 · 82

제5부

이안류 · 85

골목의 체질 · 86

화살표 · 87

헛바늘에 관한 은유법 · 88

벽 앞에서 · 89

측량이 끝난 뒤 · 90

꽈배기 · 92

프리덤 · 93

의심의 관성 · 94

밥맛 · 95

맛집시대 · 96

진공청소기 · 97

미역 · 98

아이스 아메리카노 대 블랙 아이스 · 99

내 코가 석 자 · 100

해설 작고 작은 것들의 회귀 · 101
　　　오민석(문학평론가·단국대 명예교수)

제1부

도서관에서 추사를 만나다

자가격리 6개월 리모델링한 도심 도서관
낯설어진 자료실에서 홀로 길 잃었다가
봉은사 판전板殿을 쓰는
추사 선생 만났다

원악도遠惡島 제주섬 유배 해배된 지 백팔십 년
새 서가에 등 돌려 앉은 그를 본 사람 드물어
'김정희' 검색하고서
겨우 닿은 그의 거처

콘크리트 위리안치 도서관은 책 유배지다
부동의 위병들처럼 몇 년을 꽂혀 있어도
아무도 찾지 않으면
경직되는 책의 관절

별점 테러

별들이 사라지고 후기는 난장亂場이다
펜션을 파괴하고 카페를 폭파하는
대중들 집중포화에 현장은 화끈하다

21세기 신기전神機箭에 두 손 두 발 다 드는
속수무책 테러 현장 고객의 거리 두기
진위를 확인하는 건 의미 없는 뒷북이다

진화하는 군중이 남겨놓은 고작 별 하나
낙인의 수단으로 목표물이 함락된다
별들을 손안에 넣는 소비지향 테러리스트

종이사전

정원 초과 서재를 정리하는 늦봄 아침
지붕처럼 먼지 쌓인 다세대 책들 사이
빛바랜 국어사전에 손댄 게 언제였나

시집들 틈 박힌 돌 같은 영어사전 낡은 옥편
빠르고 편한 인터넷 사전 수고는 삭제돼도
모르는 단어를 찾던 유목의 낙타는 없다

검색하고 클릭하면 삽시에 번식한다
유의어 동음이의어 예문들의 산란장
종이는 나무의 예문이다 네가 내게 그렇듯

저녁의 행위

기울어진 운동장이 술병을 따는 저녁
'쩍' 하는 외마디 뱉고 입 다물고 멈칫하기
세상을 액체로 사는
내 방어술은 실전이다

숨 막혀 가슴 저려 밀폐에서 꿈꾸다
철문이 열린 순간 입 막고 소스라친
날 누가 끄집어내어
한턱내면 좋은 날

뒤집으면 바닥 파고 흔들면 벽 긁으며
눈 딱 감고 열어젖힌 술자리 파할 무렵
독주에 취한 저녁이
계산하고 먼저 간다

쉬

'쉬' 소리와 수신호 모두가 입틀막 한 밤
얼어붙은 개울물 복화술로 흐르고
들풀은 동토를 뚫어
적막을 깨뜨린다

'쉬'라는 단음절 등골을 빠져나가고
새봄이 온단 소문에 깨금발을 해봐도
봉인된 자음접변에
모국어가 혀를 잃었다

굶주린 살쾡이처럼 '쉬쉬' 하며 다가와
삽시에 꽃밭을 헤집는 돌개바람
침묵은 역사를 왜곡하는
그들의 식량이다

후천성 시작詩作 결핍증

1. 진료실

문진과 청진으로 정밀 검진 시작되고
시인이란 이름엔 명예훼손 초기증상
혈액 속 시어 수치도 정상범위 아래다

CT 상엔 모음 자음 시다공증詩多孔症 진행 중
직무유기 진단은 오진이길 바랐는데
후천성 시작 결핍증, 현대인의 병이란다

2. 약국

하루에 한번 먹는 비유 함축 상징이란 약
부작용은 불면과 고뇌, 완치 사례 드물지만
티 나게 호전은 되니 거르지 말란 주의 사항

시단에 들어온 이상 빠져나갈 생각 말고

이 약을 죽는 날까지 지며리 먹다 보면
언젠가 "몸속의 피가 시에 싹 감염됩니다"

왜? 해가 안 뜬대?

"요즘은 정동진도 장사가 안 된다며?"

아내에게 말하니 "왜? 해가 안 뜬대?" 한다. 기가 막혀 "아니 뭐라고? 해가 안 뜨긴 왜 안 떠? 해야 매일 뜨지!" 했더니……
호호호

아내가 빨래를 개며 해처럼 웃고 있다

임시 보관함

그만 쓰고 보낼까 말까 망설인 몇 날 며칠
서두가 눈에 밟혀 몇 발짝 가다 말고
조사를 고치다가도 술어가 또 걸린다

매일매일 쌓이는 이메일 디지털 숲
스팸 메일 광고 메일 불청객들 판쳐도
도저히 보낼 수 없다 이대론 너만 아파

넌 내게 쉽사리 장문으로 넘어와도
난 네게 단 한 줄로도 가닿지 못하네
밤새워 뒤척인 문장들 오늘도 임시 보관 중

시인의 주거 형태

시를
읽으면서
낯선 걸 끌어안고

시를
쓰면서
익숙한 걸 버리며

시인은
시를 담보로
시집에 세 들어 산다

테이크아웃

아웃이란 단어의 온도를 재어보면
사람의 체온보다 훨씬 낮게 나온다
밖으로 나간다는 말 생각보다 싸늘해서

뜨거운 커피잔을 두 손 모아 감싸도
분당 0점 몇 도씩 떨어지지 않더냐
안에서 할 수 없는 말 밖에선 트이는지

빈말과 진담 섞어 혀의 파본 주고받다가
놓고 간 테이크아웃 컵 벤치를 불법 점유한다
버리고 떠난다는 말 두고 온 적 있는 것처럼

2인칭 시점으로 본 낙하

사과를 떨어뜨리니 뉴턴이 말을 바꾼다
낭狼과 패狽가 손아귀를 빠져나간 정략적 이별

과즙이 적나라한 바닥
유서처럼 낭자하다

땅속을 파고드는 따듯한 사과의 피
땡볕과 비바람이 각을 잡던 육신이라

사과에 흉터를 남긴
변명은 비루하다

쥐었다 놓친 방심에 봉인됐던 인력引力이 풀려
볼품없게 된 사과 도로 주워 닦았더니

도려낸 살과 뼈끼리
부둥켜안고 울고 있다

삶의 난간 동여매고 스스로 낙하하는
신발도 벗지 못한 한 생의 즙 마르기 전

죽어도 다시 놓지 않겠다
너를 아삭 베문다

면도날을 바꾸다

건물을 밀어버리듯 억새를 갈아엎듯
세상에 자란 것들 지나간 그 자리에
핏물이 고일지라도 깔끔하다 말하네

면도날이 무뎌졌다 세상 보는 내 눈처럼
다시는 아픔 없도록 오늘은 바꿔야지
단칼에 베인 역사도 다시 서지 않았더냐

그 여자가 변했다

길치가 멸종됐다 초행길 안내하고
과속단속 구간도 좌회전 남은 거리도
그 여자 알려주는 대로 복종하던 그날 밤

화살표가 무기인 일면식도 없는 그녀
목소리만 듣고서 뭘 믿고 몸 맡기나
이 남자 내비게이션 속 그 여자가 궁금하다

어느 날 내비 속 그 여자가 변했다
막다른 곳에서도 직진하라 부추긴다
하루만 쉬게 해 달라 여자를 내비둬라

다음날 내비 속에서 들려온 남자 목소리
앞차도 옆차도 그 남자가 이끄는 대로
도로 위 바퀴 달린 것들 어제처럼 굴러간다

소화기

오래된 구석에서
안전핀 부여잡고

정년이 되고서야
녹이 슨 자릴 뜬다

소방차
한 대와 맞먹는
부동의
붉은 근위병

제2부

넌 나의 왼쪽이다

양말 벗고 엄지발가락 서로 갖다 대던 밤
알았다, 두 발톱이 다른 삶 살아온 걸
왼쪽은 아픔을 품고
오른쪽은 평온하다

왼발을 내디디면 오른발이 따라오고
그 반대의 삶 또한 절반은 되었는데
왼쪽이 안쓰러워서
자꾸만 손이 간다

똑같이 생겨났다고 닮아가는 건 아니었다
대칭으로 산다는 그 궤적은 거짓이며
상처로 자가치유하는
넌 나의 왼쪽이다

너를 달아보다

한 움큼 올려놓은 동네 정육점 저울에선
무게감 하나 없이 초원을 누벼 왔던
중년의 소 등심 계체량 한 치의 오차 없다

피할 수 있었더냐 살다가 측정되는 일
누구보단 잘났고 누구보단 못났다고
일상은 들이대는 잣대에 움찔하며 사는 것

눈금과 눈금 사이 핏방울 눈물방울로
되레 영롱한 삶이었단 감식 결과 관계없이
무죄야 내가 증인이다 넌 무죄란 말이야

노출 수위

꼭 잠가야 한다는 의무감은 뒷전이고
정규직 현관 도어록 뜻밖의 파업 선언
무반응 자동 잠금장치 저항이란 그 이름

아직 익숙지 않은 수동으로 사는 일
며칠을 깜빡해서 닫기만 하고 잠들었다
더 이상 자동으로 나를 잠그지 못한 채로

손을 써야 살아남는 그럴 때 온 것이다
습관처럼 닫고는 열린 줄도 모르고
내 속을 다 보여줄 뻔한 그런 일을 하다니

버드 스트라이크

시골길 운전하다 새와 눈이 마주쳤다

삶의 난간 위 떨리는 그런 눈빛 아니었다

단연코 순식간의 일
사고로 정의 내릴

조류계 최상류층 송골매의 저공비행

차 앞 유리와 정면충돌 로또 확률 버드 스트라이크

새똥만 증거로 남은 현장
와이퍼가 지나갔다

방심해서 몸 낮췄다가 호되게 당하는 일
먹잇감에 정신 팔려 제 앞을 못 보는 일

하늘 위 버드 스트라이크

지상에도 있다니

우리도 난데없이 부딪치며 살긴 하지
지나친 바라봄이 눈멀게 하고 마는

단 한 뼘 간격도 없는
오만한 정 때문에

착한 사마리아인의 궤적

살면서 남의 앞길 막아 본 적 있는가
들이박듯 멈춰 세운 찰나의 선택으로
폭주를 단칼에 끝낸 머리보다 빠른 몸짓

구멍 난 둑 손가락으로 틀어막아 마을 구한
네덜란드 소년 얘기, 허구지만 괜찮아
뻥 터져 물벼락 덮친 이 땅에도 허구는 많아

방관이란 습성이 모난 돌들 깎고 있는
앞만 보고 달리는 경주마들이 덮친 도로
앞뒤를 재지도 않고 비정상을 없앴다

살판난 불의 길에 물불도 안 가리고
누군가 크게 다칠 불씨는 *끄고 보자*
남 앞길 삽시에 몸 던져 가로막은 그 궤적

신생대 4기에 발견된 흑백사진에 관한 기록

색깔 두 가지가 세상을 장악하던
선택의 여지 없는 신생대 4기 항구도시
꾸미고 또 덧칠해도 표 안 나던 삶이었지

어시장 하얀 새벽 경매하던 45년생
달동네 검은 골목 퇴근하던 58년생
빙하기 어느 끄트머리 시간이 녹아내렸다

컬러를 예상 못 한 채 먼저 간 인류 따라
한 쌍의 반의어는 과거형 명사가 돼도
태양은 태곳적부터 흑백인 적 없었다는

구해줘요, 튀르키예를

산사태 저 너머에 울음소리 들린다
땅속에 묻힌 채로 보내오는 텔레파시
제 몸이 구조된 후에도 자꾸만 짖어댄다

형제의 나라 어미 개가 토해내는 슬픈 터키어
"구해줘요 수의사님 저 안에 아이들을"
간절한 모스 부호에 귀 기울인 신의 한 수

다급한 그의 맨손 체온 찾아 파헤친다
살았네 내 새끼들 흙투성이 내 새끼들
그 소리 저승과 이승 사이 숨비소리 같더라

눈도 못 뜬 한 마리는 굿바이 튀르키예
어미와 일곱 자식은 헬로우 튀르키예
조국이 저기 파묻혔다는 S.O.S 멍 멍 멍

누명

실외기 문 왜 닫았냐 다짜고짜 타박이다
내가 닫은 게 아니다 억울하다 읍소해도
도무지 안 믿는 아내 누명 쓴 한여름 밤

번뜩 생각이 난 아파트 밴드 게시물
부리나케 그 문구를 눈앞에 내밀었지
"바람이 세게 불 경우 저절로 닫힐 수 있다"

먹이사슬

어린 사슴 숨통을 보아뱀이 조여갈 때

나뭇가지로 내려치는 한 동물원 관리인

몸통이 친친 감겼던
사슴이 달아난다

칭찬을 머쓱하게 한 어느 노인의 한마디

"멀쩡한 먹이사슬 인간이 왜 끊어?"

육식이 초식을 먹는
선순환 과정이라며

강자 위에 강자 있고 약자 밑에 약자 있는

하늘 아래 먹고 먹히는 생태계의 저 규율

그럼 난 누구에게 먹혀
멸종되고 있는가?

탄소중립 접근법

내가 네게 받은 만큼 내가 네게 주고서
더하기 빼기 하니 '0'이라는 우주다
중립이 제로가 되는 게임에 빠져보자

너라는 영토엔 맑은 공기 흐르고
나라는 서식지엔 숱한 화석 묻혔으니
중립이 최적화되는 생애를 누려보자

이쯤 해서 마주 앉아 최소한의 오차로
남김없이 받을 때 흔적 없이 내주면
중립은 공식이 되니 이제 서로 용서하자

서점의 도시계획

서점도 구도심과 신도시로 나뉜다
즐겨 찾는 코너는 신축 증축 개발붐 일고
먼지가 쌓인 외곽은 폐허 혹은 철거 중

학군 좋은 명당엔 수능교재 도배된다
교통 좋은 입지엔 베스트셀러 자리 잡고
직장인 전망 밝히는 처세술 코너 만원 중

자격증 교재 책장엔 중장년들의 분양 신청
인적 드문 시집 코너 바리케이드 놓였나
한가한 그 동선 따라 번화가로 이동 중

라바콘

상처를 보듬으려 그어지는 경계선
넘어오다 부딪쳐도 그리 다치진 않아
무심코 툭 치고 갈 땐
도로 세우면 그만이지

덧나는 날 있다는 건 단단하지 않다는 말
묵직한 벽면처럼 면박할 수 없는 방어막
점들을 연이어 놓은
간격이 사뭇 느껍다

경계를 안고 사는 건 상처를 받았다는 말
흉터가 안 보인다고 안 아픈 건 아니야
우리를 갈라놓는 일
고무처럼 말랑했으면

e 티켓

인쇄의 중량과 시간 들어 올린 종이 근력
목적지는 변함없고 티켓만 바뀌었다
고도를 관통하는 정오
찰나의 에이아이

이 세상은 e 세상, 시위 떠난 화살 궤적
펀치로 뚫던 날들 스마트하게 진화해
산업에 들러붙는 혁명
여기 하나 추가요

이까짓 거! 놀라지 않는 절대다수 탑승객
e 편하다 e 세상 출발과 도착 사이
종이는 피 흘리지 않는
혁명의 저항군이다

햄버거

먹는 게 서툴러서
먹을 때마다 흘린다

입이 얼마나 커야
흔적 없이 넘길까

티슈로 입을 닦으며
앙다무는 오버투어리즘

제3부

검정 고무신

던져라 벗어던져라,
그해 여름 몸짓이여
제단의 검정 고무신 들풀 같던 목숨들
오름도 바람도 따라오던 마지막 슬픈 행로

몸 대신 트럭 밖에 나뒹굴던 고무신
애들아 아내여 내 가는 곳 어딘지 몰라
경인년 예비검속은 이 섬에 던진 그물

탄약 냄새 밴 섯알오름 두 웅덩이에 모아놓고
누구냐 생사여탈 제멋대로 휘두른 자
산산이 부서진 임들이여,
이젠 편히 신으소서

마라도

마라도는 형용사다
당신을 꾸며주니까

바다에
홀로 있어도
울지 않는 품사다

당신은
나의 최남단
어딜 또 가란 말이냐

함덕 바다

월세를 지불하듯
찾아오는 함덕 바다

제주섬엔 드물다는
월세가 아니고선

연세를
내듯 온다면
속병 안 날 재간 있나

군함도

1.
세면대 가장자리에 달라붙은 곰팡이
증거를 매직 블록이 허겁지겁 인멸하고
대지는
긴 장맛비에
젖다 말고 울고 있다

2.
지워도 지워도 또 쓰이는 기록들
없던 일로 하자는 그런 역사는 없다고
군함도
그 지옥의 섬에
곰팡이가 피고 있다

최후의 해녀

바다가 해녀보다 더 빨리 늙는다는
바닷속 사막으로 낙타는 갈 수 없다
영원히 변치 않는 것이 그곳일 순 없어도

양수 닮은 바다에서 알몸으로 살아온
조난신호 내뿜는 주름진 저 향고래
사람은 늙었다는 것이 살아남은 거라지

물속의 갯녹음 현상은 실패한 테러라는
성게가 흰 바위에 찔러 쓴 자백서로
말한다, 최후의 해녀는 아직 너무 이르다고

가파도 해발에 관한 접근

낮은 곳이 그리울 땐 가파도로 가시라
파도가 끌어당겨 웃자란 땅 볼 수 없고
수평선 층층이 서린 유채꽃 피고 지는

해풍이 채질하는 상동포구 도항선
청보리밭 밭담 따라 바람 묻혀 붓질해요
봄날도 승선권 없이 배를 타고 오는 섬

골목길 벽화 사이 흘림체로 부는 바람
하멜처럼 표류하는 등 뒤의 서술어는
이 땅의 낮은말들을 받아쓰는 것이고요

인파 속 사람보다 더 사람 닮은 사람 사는
빈 바다 한복판 섬보다 더 섬 닮은 섬
탄착점 낮춘 날에는 가파도로 가시라

오래된 그물

바다를 덮쳤었던 오래된 그물 하나
따가운 여름 햇살 포획하듯 삼킨다
수천 번 제 몸 던지며
꿈꿨을 만선 귀항

물 밖에 나온 물고기처럼 헐떡이며 포구에 누워
그물코에 걸려드는 시간의 비늘을 본다
모진 삶 촘촘히 살아온
바다로 또 가려 하네

1947년 관덕로의 봄

72년 3월 초 탑바리 아이 조아무개
정해년 3·1절 6인이 숨진 발포에 대해
무엇도 듣지 못한 채
북국민학교 들어간다

도남 농부 송덕윤
도남 농부 김태진
오라 농부 양무봉
아라 농부 오문수
박재옥 도두 애 엄마
허두용 북국민학교 학생까지

그 후로도 반세기 살암시난 살아졌다는
레드 아일랜드 누명 속 위리안치 벗어난 증언
7년 반 광풍 몰아친
제주섬의 생환기

시위와 관람 사이 백비와 정명 사이

맹독성 이데올로기의 말굽에 또 차여도
끝끝내 나뒹굴다가
다시 서는 봄이여

메이데이 on Cheju-do

노동절과 같은 날 낯선 작명 메이데이
평화는 아지랑이, 쟁취하는 것이었다
불타는 오라리를 찍은
선전영화 악마의 편집

김달삼 김익렬이 움켜쥔 제주의 운명
내통과 밀고 마魔의 3일 평화협정 외줄 타다
공작의 시나리오가
결렬시킨 연미의 봄

무장대 소행으로 둔갑한 민가 방화
핏빛 화산섬 서막 연 미군정의 명분 찾기
불씨를 스리슬쩍 당겨
대학살을 허許하다

범섬

남도 땅 남쪽 바다 웅크린 범의 혈육
수직형 물의 문자에 부딪히는 저 파도
수만 개 주상절리가
기립박수 치는 거다

움푹 파인 해식동굴 너울을 포획하고
저 건너 강정마을 상처 입은 구럼비
절*치는 단애를 보며
목호를 생각한다

---

*파도의 제주어.

08시 49분을 인양하다

4월이 와도 맹골수도는 아무 말이 없구나

푸르던 꽃잎들이 물속으로 지던 날
있어도 없었던 나라 여전히 변한 게 없고
불러도 대답 없는 삼백넷 이름 앞에
절대 잊지 않겠노라는 팽목항의 그 약속
가만히 있으라면서 그들만 탈출했다지
안산에서 제주까지 끝나지 않은 수학여행
기울어진 세월호 속 꿈 많던 내 아이들아
그 먼 곳 그 산하에도 시간은 가고 꽃은 피니?
그렇게 다녀온다던 너희들은 가고 없고
아무것도 모른 채 너는 가고 나는 남고

사일육 공팔 시 사십구 분 아직 인양 중이란다

제국의 섬

모든 걸 걸어야만 지킬 수 있었다는
폭풍이 몰아치던 20세기 초 제국의 섬
외래종 굴러온 돌들 사람들을 밀쳐냈지

말 다르고 콧대 높은 봉주르bonjour 메흐시merci
든든한 뒷배 믿고 화산섬 헤집던 때
ᄉ나이 장두 이재수
미완의 삶 살았어라

이젤과 바다

1.
캔버스 올려놓는 삼각의 의식인가
수평선에 등 보이는 이젤의 부동자세
화가가 끌어안는 바다
꼿꼿이 품고 있다

짠내 나는 물감으로 덧칠하는 보목포구
해풍을 마다 않는 고목의 근성으로
구도를 바꿔가면서
물결도 뒤집는다

2.
바람 찬 들판에서 울부짖는 풀꽃들을
받치고 견뎌야 하는 피치 못할 삶이어도
나더러 기대라면서
경사지는 너라는 사람

올해의 운세

1월엔 소한 무렵 주린 삭풍 난무한다
온몸에 맺혀 있는 못된 것들 얼려 죽여라
이때를 놓치는 날엔 죽도 밥도 안 된다

2월엔 언 강 모퉁이 버드나무 아래 있겠다
손깍지 끼고 같이 얼어 죽어도 좋을 이와
이 땅에 이끼로 누워도 아니 설운 나날이다

3월엔 그대 들녘에 들숨 같은 바람이 분다
신열 앓는 땅 뚫고 핀 복수초 꽃잎에 겨워
온몸이 해빙된 뒤에 꽃비가 내리겠다

4월엔 앙가슴에 회오리가 일겠다
들꽃들 난투극에 난장이 된 들녘에서
죽어라 애쓰지 말고 거송의 그늘로 가라

5월엔 돈 때문에 멀어진 친구 만난다
복리로 계산하는 시절이니 모두 털고

갚을 건 갚도록 하라 먹고살기 좋은 시절

6월엔 계란노른자 괜스레 당길 거다
해마다 뜨거워지는 프라이팬 속 태양 같은
꼭 집어 말을 하자면 정열이 널 휘감겠다

7월엔 안 믿던 말 속는 셈 치고 믿게 된다
물 가까이 가지 마라 널 물로 보는 수가 있다
조금씩 단단해지는 널 용서할 사람 없진 않다

8월엔 가려움이 널 가만두지 않을 거다
궂은 것 악한 것들이 살갗에 그물 던진 후
한눈을 팔고 있을 때 단칼에 그걸 자르라

9월엔 날이 선 칼 머리맡에 두게 된다
칼능선 어린 억새가 바람 삼킨 비웃음으로
잠결 속 비린 변명 같은 네 잠꼬대 흉보지 않게

10월엔 오래된 시집 서너 권 손에 쥔다
윗부분 툭툭 털다 먼지가 면박 주거든
맨 뒤에 실려 있는 시 낯이 익다 둘러대라

11월엔 사방 천지와 글이 붉게 물든다
성숙한 억새잎의 붉은빛으로 쓰리라
네 삶이 맞춤법이 된 시 장르의 자서전을

12월엔 고칠 것 지워야 할 것 숱하다
임박한 원고 마감일, 그딴 거 없다 치고
한바탕 난리 굿판을 펼쳐라 시마詩魔처럼

천남성을 바라보며

토정*도 백록담에 세 번 올라 보았다던
남도 땅 움켜쥔 독종 잡풀 사이 노인성
왕이메** 속살 비집자 붉은 유혹 손 내민다

장희빈의 모진 삶도 사태처럼 덮쳤던
풍랑 속 조선 마비시킨 천남성 열매와 뿌리
땅에서 솟아난 뭇별 무안한지 알몸이 붉다

옹이 박힌 숲, 독 품은 야생의 트랜스젠더
오름 허리 대상포진 아무는 제주섬에
찬 겨울 칼바람 게워 낸 변산바람꽃 피었다

*토정 이지함.
**제주도 서귀포시 안덕면에 있는 왕이메오름.

제4부

물구나무서기

거꾸로
보는 일로
두 눈이 맑아지고

똑바로
보는 일로
두 눈이 흐려져도

뒤집힌
이 땅의 풀잎
다시 세울
저기,
저 봄

꽃다발

박수 한번 받고서
거실 벽에
기댄
꽃

비바람 이겨냈던
맷집 좋은
시든
꽃

사람에
꺾였으면서
모른 척
안기는
꽃

포스트잇

저마다의 이름이
삭제되지 않도록

포스트잇 온몸으로
벽을 타고 오르고

우연히 생겨난 메모장,
기억을 깁고 있다

"지켜주지 못해 미안해"
이제 더 쓰지 않게

거센 바람 견디고
한겨울 버텨내는

이태원 좁은 골목을
움켜쥔 저 접착력

구둣주걱

퍼즐 같은 이 도시에 들어맞지 않는 나를
뒤꿈치 추켜올려 우쭐하게 해준다
고단한 걸음걸이를
달래주는 나의 후견

온종일 딛고 걷는 땅 닳아가는 구둣발
믿고 뒤를 맡기고 쓰다가 버리라며
뒤에서 날 들어 올리는
아주 작은 포클레인

2월의 사생활 보호 구역

잔설은 절절하고 칼바람은 분주해요
겨울 끝자락에선 조급함이 입맛에 맞죠

2월은
키 작고 배고픈
스물여덟 단발머리

질펀한 결핍은 두루 나눈 까닭이라
궁한 게 아니거든요 꿍다리가 없을 뿐

공간이 비워진 만큼
충분한 그녀의
사생활

시들이 죽었다 살아나요

소비기한 따로 없어도 방부제 넣지 않아
짧은 생애 시들이 가끔 죽었다 살아나요
시인이 소비자 되는
상부상조 생태계

주문받은 시만 파는 효율성 높은 시인도
시세가 하락할 때 줍줍 해주면 빛이 나요
시들은 시들 일 없다는
심폐소생 계간평

산지 폐기

땡볕 우린 서리 맞고 하얗게 밤 지새며
금이야 옥이야 살갑게 안았다가
꿈에도 이제나저제나 수확만 기대했지

품앗이는 불법이라 나 홀로 시詩 씨 심고
거름 주고 농약 치며 눈물로 키웠는데
마감날 닥치고 나니 과잉생산 우려 소식

이럴 바엔 갈아엎어 못 썼다 해버릴까
인건비도 못 건지는 계간 겨울호 3장 6구
빈 밭에 바람 든 무 같은 무지렁이 내 새끼들

사유다 서정이다 은유다 리듬이다
이 주제 이 정도로 쓰는 시인 흔하다 하니
시조단 수급 조절 위해 산지 폐기 선언할까

김정호와 김정호

이름 모를 소녀를 눈을 감고 부르던

그를 처음 봤을 때 조선의 그가 떠올랐지

이름을 몰랐던 길이며 고을 강산 찾아 돌던

그의 후예 내비게이션 내 향방을 좌우한다

두 다리가 GPS였던 도포 자락 그 사내

강토를 걷고 걸어서 땅의 악보 새긴 거지

조선 땅 대동여지도 9할 넘는 싱크로율

가장 한국적 그의 노래 어스름도 젖어 든다

누구도 가지 않은 곳에 길을 내던 김정호들

취재가 시작되자

뭉개던 난동 사건 3일 만에 해결되며
가해자 입건되고 신고자 안도하네
마법이 작동합니다
취재가 시작되자

수없이 넣은 골목길의 교통 문제 처리되며
민원인 안심하고 골칫거리 없어지네
반전이 생겼습니다
취재가 시작되자

모 은행 은닉되던 대출사고 드러나며
피해자 눈물 나고 피의자 잡혀가네
기적이 일어납니다
취재가 시작되자

엄마다!

한적한 카페 주차장 제비 아파트 열두 채
어미 새 벌레 물고 돌아오는 날갯짓
엄마다!
일제히 소리치며
입 쫙 벌리는 새끼들

순번을 정했는지 기다릴 줄 아는 새들
자식들 잘 먹어서 흐뭇해진 엄마는
먼 길에 숨넘어갈 듯해도
입 벌리지 않는다

선거철

빗길 운전 조심하라 걱정해 주는 사람 있다
모르는 전화 꼭 받으라 챙겨주는 사람 있다
자기를 뽑아만 주면 우리 마을 바꾼단다

개소식 오라면서 멍멍 짖는 문자 폭탄
부재 전화 걸었더니 여론조사 독려 중
90도 인사받는 난 유력한 유권자다

초등학교 앞 교통 봉사 난데없는 인산인해
동창회 체육대회 출몰하는 홍길동전
봉사를 하게 해 달란 똑같은 레퍼토리

요양원 하천 청소 김장 봉사 이런 거 말고
풀베기 연탄 나르기 이런 무급 봉사 말고
하여튼 봉사 봉사데 금배지 달고 한단다

물수제비

바닷가 자갈밭에
장독 파편 널려 있네
메주를 금괴처럼 보듬으며 장 담글 때
간장 내 풍기는 밥상
간이 배던
저녁 한 끼

누룩곰팡이 몸 풀던
풍만한 항아리 속,
엉겨 붙은 시간에 입 다시며 툭 던진다
짭짤한 바닷속에서
간장 뜨는
물수제비

씻다

네댓 번 소용돌이
쌀뜨물 밀어 올린다

쌀은 씻긴 뒤에
한 끼 밥이 되는데

이 몸은 수만 번 씻어
누구 코에 붙일까

피로회복제 주세요

되돌아가는 일이
얼마나 힘든지 몰라?

그때로 돌아간다고?
뚱딴지같은 소리 하네

다시 또
피로하겠다고?
손님, 정말이세요?

제5부

이안류

중년엔 해변에 가면 어류가 될 때 있다
부레와 지느러미 돋아나는 가려움에
역파도 휘몰아치는
위태로운 출근길

수심이 깊어지고 광란의 거품 일 땐
거슬러 오려 말라는 사빈해안 생존법
경고가 먹히지 않는
반인반어半人半魚 허우적댄다

계곡에 빠져들어 떠밀려가는 인류와 어류
소용돌이 안 건너고 오는 봄 없다지만
패닉 속 생존수영은
형식일까 내용일까

골목의 체질

바람도 체위 바꿔 황급히 잦아들고
풍선이 부풀었다 바람 빠져 움츠리듯
야생이 즐비한 정글,
골목에서 멈춘다

시위하던 접시꽃이 아, 그만 주저앉아
새벽이슬 입에 물고 길을 내고 있을 때
날이 선 낙서에 긁혀
담벼락이 움찔한다

오래된 집 앞 가로등엔 가짜 뉴스 날아들어
하루살이 날갯짓의 진위를 가리려다
골목이 놓친 토씨 하나
물고 가는 어미 새

화살표

뾰족한 지느러미 시선을 당기며 간다
겨눈 곳 흐릿해도 허공을 가리켜도

"날 믿고 따라오시라
엉켜 있는 미로로"

저토록 가느다란 게 사람 끄는 힘이 있어
천하의 누구라도 그를 따라갈 수밖에

내 앞을 봐주며 가는
그의 뒤는 무방비

어딘지 모를 끝과 몸을 트는 화살촉
자갈길에 튕기고 진흙탕에 박혀도

나는 또
너 한 사람의
화살표가 되고 싶다

혓바늘에 관한 은유법

깃털 하나 떨궈져 물낯에 퍼진 파문
제 몸통 백분의 일 빠져나간 줄 모른 채
퍼드덕 연못을 질러 황조롱이 솟구친다

낙엽 위에 구르는 도토리 보느거나
하찮은 사시랑이도 저마다 몫이 있듯
혓바늘 7일째 돋아 말끝이 함몰된다

좁쌀만 한 이게 뭐라고 이 화염이 뭐라고
입에서 부화하는 구어체가 통증 앓으니
아리네 내뱉는 일이 참회록 읽듯 아리네

벽 앞에서

벽시계가 멈췄다 삼십여 년 목덜미 내준
눈길 갔던 만큼이야 살가운 정 없어도
구억 보 넘게 걸었던
잰걸음 토닥이는 밤

느꺼운 기억들이 박음질 된 시곗바늘
부검 없이 배터리 빼내 치러지는 장례식
시간은 시부저기 일어나
벽 뚫고 간다 저만치

살다가 뒷걸음질 치고 싶을 때 있지만
내려와 눕고 싶은 시간제 밥벌이지만
높은 벽 넘을 수 없을 땐
뚫고서 가라 하네

측량이 끝난 뒤

1.
삐뚤빼뚤 살아왔을 저 중년 체형 좀 봐
단백질 탄수화물 지방 소식 궁금해서
인바디 측정한다고
제 몸을 내맡기네

2.
돌담을 경계로 삼아 반백 년 살아온 집이
신앙처럼 믿었던 네모반듯 사유私有가
측량에 박탈되고 나니
형체가 볼품없다

은연중에 쌓은 담 모래성처럼 무너지고
서로를 잘 모르면서 멋대로 갈라치다
저쪽은 싹둑 내주고
이쪽은 가져오고

3.

그 개울과 노송 사이 눈대중으로 피었던
패랭이꽃 한쪽 잎이 바람에 잘린 아픔이고자
이참에 제대로 살아보려
선 긋는다 나도 내게

꽈배기

백 원짜리 동전 대신
빨대로 뺀
쇼핑카트

마트 근무 2년 반에
그거 하나 배웠군

비비 꼰
마누라의 한마디
확 당기는
꽈배기

프리덤

비좁은 안방에서 7일간 동면 끝에
늦겨울, 내 몸에도 복수초가 피었다
봄이란
눈 녹는다고
오는 건 아니었다

하루에도 몇 번씩 방문을 열었지만
한 발짝도 못 내밀고 두 팔만 쭉 뻗어
개구리
파리 삼키듯
받아놓던 그 혼밥

독감은 저리 가고 폐렴에 버금갔던
3년생 코로나에 덜미를 잡혀보니
자유는
공짜로 얻는 덤,
프리덤이 아니었다

의심의 관성

까마귀가 전깃줄에서 떨어뜨린 쓰레기봉투
사람을 의심하며 지나가는 중년 남자
아! 뭐야, 누가 길에다
이런 걸 버린 거야

상공에서 비웃으며 시치미 떼는 까마귀
쓰레기장엔 또 그들이 먹을 걸 낚아챈다
사람이 사람을 의심할 일
귀신같이 알아낸다

밥맛

내솥의 가장자리 코팅이 꽤 벗겨졌다
오늘도 따뜻한 한 끼 밥을 내어주는
참 착한 압력밥솥마저 내가 속 많이 긁었구나

쏟아부은 잡곡에 적당하게 맞춘 물
취사 버튼 누르며 하는 압력 빠진 혼잣말
"응 알아 밥맛 나는 세상, 네 몫만은 아니란 걸"

맛집시대

여행객 어딜 가든 꼭 찾는 동네 맛집
초밥집 밀면집 삼계탕집 디저트 카페
집에서 수십 년 동안 먹다 말고 어디 갈까

인터넷 검색으로 기어이 찾은 해변 빵집
대기표 받고 줄을 섰다 호출에 입장한다
이런 맛 살다가 처음이네 시장이 반찬이네

후기가 후기 부르는 무료 제공 음료수
나에 대해 누군가가 후기를 써준다면
공짜로 줄 만한 것이 내 시집 한 권이라니

진공청소기

먼지가 빨려드는
플라스틱 블랙홀

눈물 쏙 빠지도록
나 또한 은연중에

저토록
막무가내로
탈탈 털린 적 있었지

미역

미국에 여행 가서 우유 한 잔 못 먹고
한 달 만에 귀국한 육순 김여사 밀크 밀크
아무리 달라고 해도
못 알아듣는 현지인

해산한 막내딸에게 미역국 끓여 주며
'미역' 하자 아, 엄마! 미국에선 밀크를
그렇게 발음해야 돼
'미역' 기브 미 '미역'

아이스 아메리카노 대 블랙 아이스

검지만 이름에는
블랙을 쓰지 않네
미대륙 맛을 내는 아이스 아메리카노
'아아'로 통하는 세상 마시면 와 이리 좋노

먼지와 매연이
씌어버린 검은 오명
박빙의 아슬한 내막 다리 위 블랙 아이스
무심한 치명적 몸매에 아, 당했네! 아이스발

내 코가 석 자

빵 조각 지고 가던
개미가 절벽을 만나

떨어지는 찰나에
붙잡는 나뭇가지

죽기로 기어오르는
그를 난 지켜만 봤다

해설

작고 작은 것들의 회귀
— 조한일 시집 『낮은말 받아쓰기』 읽기

오민석(문학평론가·단국대 명예교수)

하찮은 것들의 하찮지 않음

세상에 하찮은 것이란 없다. 동떨어져 존재하는 것이 없기 때문이다. 모든 것은 다른 모든 것과의 연계 속에 있고 끝없이 이어지는 연속체가 개별 사물 혹은 사건을 전혀 하찮지 않은 의미화 과정 signification으로 만든다. 가령 정전의 모든 문장이 대단한 것은 아니다. 그것들을 따로 떼어놓을 때, 걸작들은 얼마나 많은 '하찮은' 문장들의 집합인지 알게 된다. 하찮은 문장들이 하찮지 않은 배열체가 될 때, 정전이 탄생한다. 외톨이 문장은 애초에 존재하지 않는다. 외톨이처럼 보이는 문장조차도 사실은 침묵하는 다른 문장들이 에워싸고 있다. 침묵이나 독백도 대화이다. 모든 문장은 타자의 존재를 전제로 한다. 대

화적 관계 바깥에 존재하는 언어는 없다. 그 모든 위대한 것들은 결국 사소해 보이는 것들의 집적의 결과이다.

> 바다를 덮쳤었던 오래된 그물 하나
> 따가운 여름 햇살 포획하듯 삼킨다
> 수천 번 제 몸 던지며
> 꿈꿨을 만선 귀항
>
> 물 밖에 나온 물고기처럼 헐떡이며 포구에 누워
> 그물코에 걸려드는 시간의 비늘을 본다
> 모진 삶 촘촘히 살아온
> 바다로 또 가려 하네
>
> ―「오래된 그물」 전문

 조한일이 세계에 접근하는 방법은 간단하다. 그는 작고 하찮아서 사람들의 눈에 잘 띄지 않는 것에 주목한다. 그는 세상에 하찮은 것이 하나도 없음을 잘 안다. 사물들을 하찮게 만드는 것은 그것들을 대수롭지 않게 여기는 사람들의 태도이다. 세상에 대수롭지 않은 사물들이란 없다. 사물을 대수롭지 않게 여기는 사람들과 자신도 모르게 대수롭지 않은 존재가 되어버린 사람들 사이엔, 묘한, 그러나 당연한 함수관계가 존재한다. 조한일은 세상이 버린 작은 사물들 안에서 의미화의 보물들을 찾아낸다. 내가 여기에서 '의미' 대신 '의미화'라는 용

어를 사용하는 것은, 그것들의 의미가 정해진 것이 아니라 다른 의미로 계속 확장되고 있기 때문이다. 사물은 다른 사물을 만나면서 계속 의미를 축적하고 넓힌다. 사물의 주권자는 사물 자체이지 사람이 아니다. 세계엔 사람에게 버림을 당했다고 해서 버려지지 않는 무수한 사물들이 있다. "오래된 그물"에서 한때 "바다를 덮쳤었던" 사건을 기억해 내는 자만이 오래된 그물의 생생한 역사를 본다. "수천 번 제 몸 던지며" 만선을 꿈꾸던 그물은 이제 시간의 폭력 앞에 "헐떡이며" 죽어간다. 그것은 마치 "물 밖에 나온 물고기처럼" 무력하다. 그의 "그물코"에 걸리는 것은 이제 황금빛 물고기가 아니라 "시간의 비늘"밖에 없다. 죽어가는 그물에도 "바다로 또 가려" 하는 의지가 관성처럼 남아 소멸의 미래와 싸운다. '오래된 그물'의 이런 풍경이 하찮지 않은 것은 이것이 낡은 그물만의 운명이 아니라 시간의 칼날 아래 있는 모든 존재의 보편적 운명과 잇닿아 있기 때문이다. 죽어가는 낡은 그물엔 한때 세상을 호령하였으나 무수한 시간의 화살에 오래도록 맞아 이제 주름과 구멍투성이의 늙은 몸으로 변해버린 그 모든 나무, 동물, 사람들의 삶이 겹쳐진다. 도대체 무엇이 하찮은가.

> 실외기 문 왜 닫았냐 다짜고짜 타박이다
> 내가 닫은 게 아니다 억울하다 읍소해도
> 도무지 안 믿는 아내 누명 쓴 한여름 밤

번뜩 생각이 난 아파트 밴드 게시물
부리나케 그 문구를 눈앞에 내밀었지
"바람이 세게 불 경우 저절로 닫힐 수 있다"

―「누명」 전문

 겉으로 보기에 에어컨 실외기 문의 개폐 문제로 다투는 부부의 사소한 이야기 같지만, 이는 유사한 형식의, 인식차로 생겨나는 수많은 사건으로 연결된다. 세계는 서로 다른 주체들의 무수히 다른 시각들이 교차하는 공간이다. 주관성은 동일한 대상도 다르게 해석하는 기계이다. 해석-기계들의 문제는 자신들의 해석만을 진리로 간주한다는 것이다. 존 버거J. Burger는 『다른 방식으로 보기Ways of Seeing』에서 다음과 같이 '보기seeing'가 세계를 결정한다는 사실에 주목한다. "당신은 나체 보는 것을 즐겼으므로 나체의 여성을 그렸다. 그리고 나선 그녀의 손에 거울을 들려주고 그 그림에 〈허영〉이라는 제목을 단다. 말하자면 당신은 당신이 즐기기 위해 그린 나체의 여성을 이제는 도덕적으로 비난하고 있는 것이다." 거울을 든 나체의 여성은 왜 '허영'이라는 이름을 달고 있어야 하나. 여성의 입장에서 봤을 때, 그것은 남성의 관음증적 시선이 만들어낸 "누명"이 아닌가. 타자에게 씌운 누명을 진실이라 여기는 주체에게 "억울하다 읍소해도" 그 주체는 타자의 말을 절대 믿지 않는다. 세계는 이렇게 다른 시선, 다른 보기, 다른 해석들의 무수한 교차들로 이루어져 있다. 그중에서 대세를 이루는 시선들이 그 세계를 지배하고, 그 '보기의 방식'을 다수에게 강요하며, 그런 시각으로 보지 않는 것을 '비정상'이라 간주한다. 말하자면 세계는 시선들의 권력 투쟁의 장이다. 그러니 '사소한 싸움'이란 없다. 실외기 문을 주제로 한 화자와 아내의 논쟁은 서로 다른 두 개의 세계를 만드는 두 개의 시선을 보여준다. 누구의 말이 진리인가. 담론 이전의 사실fact은 과연 존재하는가. 아니면 언어 지배의 상징계에선 오로지 해석만 존재할 뿐인가. 칸트인가, 니체인가. 결국 세상의 어떤 사소한 일도 사소하지 않다.

역사적 사건─작은 것들의 회귀

조한일이 건드리는 하찮고 사소해 보이는 사물들, 그리고 작은 이야기들은 그 자체로 종결되지 않는다. 그 자체로만 존재하거나 종결되는 사물과 서사는 존재하지 않는다. 사물들은 항상 다른 사물들과 무한히 연결되어 있으며, 작은 이야기들은 항상 다른 이야기와 연결되고 재배열되면서 큰 이야기의 일부가 되어간다. 가령 제비꽃 하나가 봄의 역사를 만들지 않는다. 무수한 다른 꽃들과 새싹들로 이루어진 작은 사건들이 모여서 봄이라는 큰 이야기가 된다. 조한일이 작은 이야기들의 사이사이에 굵직굵직한 역사적 사건을 끼워 넣는 이유가 바로 이것이다. 그는 사물들과 사건들의 연대와 배열이 곧 세계임을 잘 알고 있다.

    던져라 벗어던져라,
    그해 여름 몸짓이여
    제단의 검정 고무신 들풀 같던 목숨들
    오름도 바람도 따라오던 마지막 슬픈 행로

    몸 대신 트럭 밖에 나뒹굴던 고무신
    애들아 아내여 내 가는 곳 어딘지 몰라
    경인년 예비검속은 이 섬에 던진 그물

    탄약 냄새 밴 섯알오름 두 웅덩이에 모아놓고
    누구냐 생사여탈 제멋대로 휘두른 자
    산산이 부서진 임들이여,
    이젠 편히 신으소서
                    —「검정 고무신」 전문

이 작품은 1950년 제주 "섯알오름" 지역에서 벌어졌던 양민 학살을 다루고 있다. 이른바 '4·3 항쟁'을 시인은 거대 서사가 아닌 "검정 고무신"이란 사소한 사물을 매개로 소환한다. 검정 고무신은 그 자체 하찮은 물건일 수 있지만, 당시에 공포의 검속에 끌려가던 희생자들의 "몸 대신 트럭 밖에 나뒹굴던" 사물일 때 4·3 항쟁이라는 거대한 역사적 사건의 핵심적인 기호가 된다. 그것은 거대한 역사적 사건을 강력한 정동으로 기억하게 만드는 기호이다. 어떤 역사적 사건도 그 자체로 거대 서사가 되지 않는다. 모든 역사는 사소하고 하찮은 것들의 복잡한 연루로 만들어진다. 그러므로 거대한 역사적 사건을 그 자체로만 기억하는 것은 거대한 건물을 파사드facade로만 기억하는 것과 마찬가지이다. 거대 서사를 인수분해하면 작고 하찮은 이야기들만 남는다. 그러나 역사라는 복잡하고 거대한 방정식 바깥의 '사소한' 사건 또한 존재하지 않는다. 4·3 항쟁은 그 희생자들의 발에서 떨어져 나갔던 검정 고무신과 그들이 끌려가던 길가의 작은 꽃들, 그들의 머리에서 뿜어져 나왔던 핏물과 단말마 같은 비명이 없이 구성되지 않는다. 고무신과 작은 꽃과 피와 비명을 우리가 '하찮은 것들의 목록'에 가둘 수 없는 이유가 바로 이것이다.

1.
세면대 가장자리에 달라붙은 곰팡이
증거를 매직 블록이 허겁지겁 인멸하고
대지는
긴 장맛비에
젖다 말고 울고 있다

2.
지워도 지워도 또 쓰이는 기록들

없던 일로 하자는 그런 역사는 없다고

군함도

그 지옥의 섬에

곰팡이가 피고 있다

—「군함도」 전문

  군함도는 일본 나가사키현 인근에 있는 섬으로 1940년대에 수많은 조선인이 이곳에 강제 징용당해 노역 끝에 죽어갔던 비극의 공간이다. 자료에 따르면 1943~1945년 사이에 약 500~800명에 이르는 조선인들이 이곳에 강제로 끌려와 채굴 작업을 했으며 극도로 열악했던 환경 때문에 '지옥의 섬' 혹은 '감옥의 섬'이라 불리기도 하였다. 이곳에서 질병이나 영양실조, 기타 사고로 죽은 조선인만 무려 122명에 이른다고 한다. 이곳은 2015년 세계문화유산으로 등재가 되면서 일본 산업 발달사의 상징적 현장으로만 두드러지게 알려져 논란이 되었다.

  일제 강점기 피식민 민중이 겪은 지옥의 역사도 시인에게는 그 자체 커다란 관념으로 다가오지 않는다. 그것은 "매직 블록이 허겁지겁 인멸하"는 "세면대 가장자리에 달라붙은 곰팡이"라는 사소한 물체로부터 환유적 소환의 대상으로 떠오른다. 이제는 "인멸"의 대상이 되어버린, "없던 일로 하자는 그런 역사"의 대상이 된 "군함도"를 시인은 "긴 장맛비"가 추적추적 내리는 한여름 세면대에 자꾸 피어나는 곰팡이에 비유

한다. 그래서 사소해지는 것은 군함도의 역사가 아니다. 그래서 거대해지는 것이 군함도의 비극과 등치가 된 "곰팡이"이다. 시인은 작고 작은 것들을 소환하여 그것이 거대한 서사로 발전해 가는 과정을 보여준다. 모든 사소한 것들은 그러므로 사소한 상태로 멈추어 있지 않다. 그것들은 항상 거대 서사의 일부이며 거대 서사의 무게를 고스란히 떠받들고 있는, 결코 '사소하지 않은 사건들'이다. 지상에 떨어지는 사과 한 알은 사소한 사건이 아니라 중력의 법칙이라는 거대 서사의 실체가 아닌가. 조한일의 시에서 자꾸 회귀하는 작은 것들은 의미화 과정의 연쇄를 거쳐 그 자체 이렇게 거대 서사(의 일부)가 된다.

    저마다의 이름이
    삭제되지 않도록

    포스트잇 온몸으로
    벽을 타고 오르고

    우연히 생겨난 메모장,
    기억을 깁고 있다

    "지켜주지 못해 미안해"
    이제 더 쓰지 않게

거센 바람 견디고

한겨울 버텨내는

이태원 좁은 골목을

움켜쥔 저 접착력

—「포스트잇」전문

 사소하고 작은 것들의 회귀를 통하여 조한일이 재구성하는 것은 먼 과거의 역사만이 아니다. 그는 비교적 최근에 일어난 세월호나 이태원 참사를 소환하기도 하는데, 이런 비극을 불러낼 때도 그는 그 자체론 작고 볼품없는 것들을 매개로 끌어들인다. 작고 작은 것들의 축적이 없이 거대 서사가 있을 수 없고, 그런 것들의 매개가 없이 큰 이야기는 존재할 수 없기 때문이다. 위 작품에서도 시인은 이태원 참사를 참사 자체로 곧바로 다루지 않고 사건 이후 참사 현장에 붙여진 수많은 "포스트잇"들을 통하여 기억의 강력한 "접착력"을 이야기한다. 159명의 청년이 어이없게 사망한 이 사건은 그 자체론 어떤 식으로든 설명이 되지 않는다. 그것은 그것에 속한 일련의 무수히 작은 행위들과 사물들을 통하여 구성되고 서사화된다. 모든 거대 서사는 일견 작고 사소해 보이는 것들의 총계이며, 따라서 그 어떤 작고 사소한 사건과 사물도 절대 하찮지 않다. 시인은 그렇게 작은 것들을 호명하며 그것들이 거대 서사로 발전해 나가는 과정을 보여준다.

시 쓰기라는 바깥

작고 사소해 보이는 사물이나 일상과 역사적 사건들 외에 이 시집의 여기저기에 말뚝처럼 꽂혀 있는 여러 편의 시가 있다. 그것은 바로 글쓰기 혹은 시 쓰기라는 행위를 다룬, 일종의 메타시metapoem들이다. 이 시들은 작은 사물들이나 역사적 사건들의 바깥에서 그런 이야기를 시적으로 수행하는 행위 자체에 대한 진술들로 이루어져 있는 시들이므로 메타시라고 하는 것이 적절하다. 나머지 시들을 1차 언어first order language라 한다면, 이 시들은 그것들의 바깥에서 그것들을 쓰는 행위에 대하여 논하고 있는 2차 언어second order language로서, 시 쓰기에 대한 반성적 성찰을 담고 있다.

    땡볕 우린 서리 맞고 하얗게 밤 지새며
    금이야 옥이야 살갑게 안았다가
    꿈에도 이제나저제나 수확만 기대했지

    품앗이는 불법이라 나 홀로 시詩 씨 심고
    거름 주고 농약 치며 눈물로 키웠는데
    마감날 닥치고 나니 과잉생산 우려 소식

    이럴 바엔 갈아엎어 못 썼다 해버릴까
    인건비도 못 건지는 계간 겨울호 3장 6구

빈 밭에 바람 든 무 같은 무지렁이 내 새끼들

사유다 서정이다 은유다 리듬이다
이 주제 이 정도로 쓰는 시인 흔하다 하니
시조단 수급 조절 위해 산지 폐기 선언할까
―「산지 폐기」 전문

2차 언어의 힘은 자기반성에 있다. 절대적 진리는 그 자체 마지막 2차 언어로서 다른 2차 언어를 가지고 있지 않으므로 오만한 언어이다. 반대로 모든 진리는 새로운 2차 언어의 등장으로 언제든지 1차 언어의 자리로 밀려날 수 있다. 롤랑 바르트R. Barthes는 이 무수한 퇴행이 절대 진리, 유일한 진리의 자리를 계속 지워나간다고 보았다. 메타시를 쓰는 시인은 이런 점에서 자신의 시(쓰기) 바깥으로 나가 그것의 절대성에 대하여 끊임없는 질문을 던짐으로써 자신의 절대 권좌를 스스로 인정하지 않는 자이다.

위 작품도 시인으로서 그런 자기 성찰을 담고 있다. 오로지 혼자 "거름 주고 농약 치며 눈물로" 쓰면 "과잉생산"이 우려되고, 그렇게 써봐야 농사에 비유하자면 "인건비도 못 건지는" "3장 6구"(시조)를 쓰느라 시인은 죽을 지경이다. 게다가 그런 "주제"를 "이 정도로 쓰는 시인"이 "흔하다 하니" 산지에서 "폐기 선언할까"라는 질문은 예술 창작의 길에 서 있는 모든 외로운 예술가들의 보편적 고민이 아닐 수 없다. 그러나 이런 성찰이 없이 "폐기"해서는 안 될 훌륭한 작품이 나오긴 힘들 것이다. 이런 점에서 시는 소멸을 자각하며 소멸에 저항하는 언어이다.

>낮은 곳이 그리울 땐 가파도로 가시라
>파도가 끌어당겨 웃자란 땅 볼 수 없고
>수평선 층층이 서린 유채꽃 피고 지는
>
>해풍이 채질하는 상동포구 도항선
>청보리밭 밭담 따라 바람 묻혀 붓질해요
>봄날도 승선권 없이 배를 타고 오는 섬
>
>골목길 벽화 사이 흘림체로 부는 바람
>하멜처럼 표류하는 등 뒤의 서술어는
>이 땅의 낮은말들을 받아쓰는 것이고요
>
>인파 속 사람보다 더 사람 닮은 사람 사는
>빈 바다 한복판 섬보다 더 섬 닮은 섬
>탄착점 낮춘 날에는 가파도로 가시라
>　　　　　　　—「가파도 해발에 관한 접근」 전문

이 시는 겉으로는 서귀포 인근 해안의 "가파도"의 아름다움을 노래하고 있지만, 다른 층위에서는 가파도의 지형을 인유

引喩하여 자신의 시 쓰기의 지형도를 그리고 있다. 그가 지향하는 시의 세계는 무엇보다 가파도처럼 "낮은 곳"을 지향하는 시이다. 그는 "웃자란 땅 볼 수 없"는 언어로 "청보리밭"의 바람을 묻혀 "붓질"하기를 원한다. 그는 큰 도로보다 사연 많은 "골목길"의 이야기를 "흘림체"로 쓰기를 바라며, 잘난체하는 파사드의 언어가 아니라 "등 뒤의 서술어"로 "이 땅의 낮은말들을 받아쓰는 것"을 자신의 시라고 생각한다. 그는 "사람보다 더 사람 닮은" 그리고 "섬보다 더 섬 닮은 섬"처럼 "탄착점"을 낮춘 시를 지향한다. 이렇게 되면 그가 왜 역사적 사건을 이야기할 때조차 하찮은 것들의 움직임에 주목하는 이유를 알 것이다. 그는 허공이 아니라 "이 땅의 낮은말들을 받아쓰는" 시인이다. 가파도의 낮은 땅과 그곳의 청보리밭을 스치는 바람처럼 조한일의 시를 읽어라. 그러면 낮은 말들이 웅얼거리는 큰 이야기들을 만날 것이다.

가히 시선 011

낮은말 받아쓰기

ⓒ 조한일

초판 1쇄 인쇄	2025년 4월 15일
초판 1쇄 발행	2025년 4월 22일
지은이	조한일
펴낸이	김석봉
디자인	헤이존
펴낸곳	문학의전당
출판등록	제448-251002012000043호
주소	충북 단양군 적성면 도곡파랑로 178
전화	043-421-1977
전자우편	sbpoem@naver.com

ISBN 979-11-5896-686-7 03810

*이 책의 판권은 지은이와 문학의전당에 있습니다.
*양측의 서면 동의 없는 무단 전재 및 복제를 금합니다.
*잘못 만들어진 책은 바꿔드립니다.
*이 시집은 제주특별자치도와 제주문화예술재단의 2025년 제주문화예술재단
 지원사업의 후원을 받아 제작되었습니다.